Imke M. Asmus

Bezaubernde Blumengrüße

Karten aus Tonkarton ganz leicht selbermachen

frechverlag

Im frechverlag sind weitere Bücher zum Thema „Basteln mit Tonkarton" erschienen. Hier eine Auswahl:

TOPP 2310

TOPP 2314

TOPP 2281

TOPP 2352

TOPP 2345

TOPP 2344

Fotos: frechverlag GmbH + Co. Druck KG, 70499 Stuttgart;
Fotostudio Ullrich & Co., Renningen

Dieses Buch enthält:
1 Vorlagenbogen

Auflage: 5. 4. 3. 2. 1. | Letzte Zahlen
Jahr: 2002 2001 2000 1999 98 | maßgebend

ISBN 3-7724-2354-X · Best.-Nr. 2354
Druck: frechverlag GmbH + Co. Druck KG, 70499 Stuttgart

Auf Wiesen, in Gärten und in Wohnungen sind sie zu finden: Stiefmütterchen, Narzissen, Klatschmohn, Weihnachtssterne ... Aus Tonkarton und Tonpapier gefertigt, schmücken sie Gruß- und Glückwunschkarten.

Vor fünf Jahren entstand meine erste Grußkarte, die ich meinen Eltern zu Weihnachten schenkte. Damals hätte ich nie gedacht, welch großen Anklang meine Karten einmal finden würden. Schließlich wurde mein kleines Hobby zu einer tagesfüllenden Aufgabe.

In diesem Buch möchte ich Ihnen eine Auswahl meiner Karten vorstellen. Ich hoffe, daß auch Sie an den Motiven Gefallen finden. Fast alle Vorschläge lassen sich schnell und einfach nacharbeiten und eignen sich zu verschiedenen Gelegenheiten. Sie brauchen die Beschriftung lediglich dem Anlaß anzupassen.

Schon beim Herstellen der Karten werden Sie viel Freude haben, denn diese Pflanzen gedeihen auch, wenn Sie keinen grünen Daumen haben. Lassen Sie Ihrer Phantasie beim Gestalten freien Lauf. Die Farbe der Karte, der Blüten und der Blätter können Sie nach Belieben variieren und so immer neue Effekte erzielen.

Dabei wünsche ich Ihnen viel Spaß!

Ihre

Imke M. Asmus

Materialien und Werkzeuge

- Ton- bzw. Fotokarton in verschiedenen Farben (180-300 g/m²)
- Tonpapier in verschiedenen Farben (130 g/m²)
- Transparent- oder Butterbrotpapier
- Weißes Schreibmaschinenpapier
- Gefütterte Briefumschläge
- UHU stic (Klebestift)
- UHU Flinke Flasche (auswaschbarer und wegzuradierender Flüssigkleber)
- Bastelschere
- Nagelschere
- Cutter (Bastelmesser) mit geeigneter Schneideunterlage
- Bürolocher
- Lochzange
- Bürotacker
- Bleistift
- Radiergummi
- Dünner schwarzer Filzstift
- Lineal/Geodreieck

Für die Karte und einige Motivteile, die eine gewisse Stabilität benötigen, sollten Sie Foto- oder Tonkarton verwenden.
Die übrigen Motivteile können Sie aus dem leichter zu schneidenden Tonpapier fertigen.

ACHTUNG: Cutter (Bastelmesser) sind sehr scharf und sollten deshalb nie in Kinderhände gelangen. Achten Sie bitte auch darauf, daß Sie beim Schneiden eine dicke Unterlage benutzen.

So entsteht ein duftiger Blumengruß

HERSTELLUNG DER DOPPELKARTE

Die Klappkarte (21 cm x 15 cm) wird aus Tonkarton ausgeschnitten und auf das Format 10,5 cm x 15 cm gefaltet. Gegebenenfalls die Falzlinie zuvor mit einem Cutter leicht anritzen.

BESCHRIFTEN DER KARTE

Wenn Sie die Karte mit Hilfe eines Computers mit einem Drucker beschriften wollen, muß dies vor dem Aufkleben der Motive erfolgen. Leider lassen sich nicht alle Papiere gut bedrucken. Am besten machen Sie vorab eine Probe. Sehr gute Erfahrungen habe ich beispielsweise mit Karton der Marke URSUS gemacht.
Handschriftliche Grüße können auch nachträglich eingesetzt werden.

HERSTELLEN DER SCHABLONEN

Transparentpapier auf den Vorlagenbogen legen, mit einem Bleistift alle Motivteile ohne Überschneidungen abpausen, das Transparentpapier auf einen Kartonrest aufkleben und die Teile mit der Schere ausschneiden.

AUSSCHNEIDEN DER MOTIVTEILE

Die so hergestellte(n) Schablone(n) auf Tonkarton bzw. Tonpapier der gewünschten Farbe legen, mit einem Bleistift die Umrisse nachfahren und in der benötigten Anzahl ausschneiden. Achten Sie darauf, immer zuerst die Innenflächen des Motivs herauszuschneiden, danach folgt der Außenrand. Bei kleinen Flächen und runden Motiven hat sich eine Nagelschere bewährt. Wird ein Motiv mehrmals benötigt, können Sie zwei bis drei Lagen Tonpapier übereinanderlegen. Das Motiv auf die oberste Lage übertragen, die Papiere außerhalb des Motivs zusammentackern und das Motiv ausschneiden. Die Punkte werden mit einem Bürolocher aus Tonpapier ausgestanzt.

AUFKLEBEN DES MOTIVS

Die ausgeschnittenen Teile werden nach Anleitung zusammengefügt, die Vorlage und das Foto geben Positionierungshilfen. Anschließend wird das Motiv auf die Kartenvorderseite aufgeklebt.

EINLEGEBLATT

Ein Blatt DIN-A4-Schreibmaschinenpapier halbieren, mittig falten und lose in die Karte einlegen.

Blaue Blume

- Tonkarton in Gelb und Dunkelgrün
- Tonpapier in Gelb und Dunkelblau

Die Blüten werden mit gelben Punkten beklebt und an den markierten Stellen auf den Stielen befestigt. Den Blumenstengel in der oberen linken Ecke der Karte anbringen.

Vergißmeinnicht

- Tonkarton in Wollweiß
- Tonpapier in Gelb, Dunkelgrün und Dunkelblau

Die kleinen blauen Blüten mit gelben Punkten bekleben und an den mit Kreuzen markierten Stellen auf den Blumenstielen fixieren. Die Blätter auf der Rückseite des Stengels ankleben.

Glockenblumen

- Tonkarton in Weiß und Dunkelgrün
- Tonpapier in Dunkelblau und Dunkelgrün

Die blauen Blüten von hinten an den dunkelgrünen Stengeln befestigen und zu einem Strauß zusammenkleben. Mit einem 5 mm breiten, grünen Tonpapierstreifen umwickeln und ankleben.

Herzliche
Grüße
Danke
Alles Gute
zum Geburtstag

Baumlandschaft

»»» Tonkarton in Wollweiß und Dunkelbraun
»»» Tonpapier in Gelb, Mittel- und Dunkelgrün

Den braunen Stamm auf die grüne Baumkrone aufkleben und auf der Klappkarte befestigen. Die Grasfläche wird über den Stamm geklebt und mit sechs gelben Blüten verziert. Jeweils einen schwarzen Punkt für die Blütenmitte einzeichnen.

Baum mit Hase

»»» Tonkarton in Wollweiß und Dunkelbraun
»»» Tonpapier in Gelb, Weiß, Dunkelbraun, Mittel- und Dunkelgrün

Die Landschaft ebenso fertigen wie bei der Karte ohne Hase, das Gras jedoch nur mit vier gelben Blüten verzieren.

Der kleine Hase besteht aus Tonpapier. Die Hasenohren von hinten am Kopf ankleben, diesen dann hinter dem Körper fixieren. Ein weißes Oval bildet das Hasenschwänzchen. Zwei schmale Schnurrhaare zuschneiden und hinter dem Hasenkopf befestigen.

Schlüsselblume

»»» Tonkarton in Weiß
»»» Tonpapier in Gelb und Dunkelgrün

Sechs gelbe Blüten ausschneiden. Die Blätter hinter den grünen Stengel kleben. Die gelben Blüten von hinten an den grünen Blütenkelchen befestigen.

Zum Geburtstag
viele liebe
Grüße
Gute
Besserung
Frohes
Fest

Stiefmütterchen im Blumentopf

- Tonkarton in Lila und Wollweiß
- Tonpapier in Gelb, Schwarz, Lila und Mittelgrün

Den Untersetzer am Topf ankleben (beide Teile aus Tonkarton). Ein Blatt an der gestrichelten Falzlinie knicken und über dem Topfrand befestigen. Fünf Stiefmütterchen herstellen, wie unten beschrieben, und auf der Rückseite mit 3 mm breiten Blütenstielen aus grünem Tonpapier versehen. Abwechselnd die Blüten von hinten gegen den Topf kleben, dazwischen jeweils die grünen Blätter anbringen.

Zwei Stiefmütterchen

- Tonkarton in Weiß
- Tonpapier in Gelb, Schwarz, Lavendel und Mittelgrün

Entsprechend der Vorlage die Blütenteile B von hinten an Teil A kleben, dann die Teile C hintereinander an B kleben. Die schwarzen Punkte befestigen und die „Gesichter" einzeichnen. Die Blüten und Blätter am Stengel befestigen.

Vase mit Veilchen

- Tonkarton in Wollweiß und Lavendel
- Tonpapier in Dunkelgrün, Lavendel und Gelb

Die Blütenteile B werden von hinten an Teil A und die Teile C von hinten an B angebracht. 3 mm breite Blumenstiele zuschneiden und ankleben. Nachdem Sie die gelben Punkte befestigt haben, können Sie die „Gesichter" aufmalen.
Die Veilchen hinter die Vase aus Tonkarton kleben, erst danach die Blätter fixieren.

Zum
Geburtstag
Fröhliche
Ostern

Narzisse

- Tonkarton in Wollweiß und Mittelgrün
- Tonpapier in Gelb, Mittelgrün, Gelb- und Mittelbraun

Ein 2 cm großes gelbes Quadrat zuschneiden. Die Teile B werden mit dem stumpfen Ende auf dem Quadrat aneinandergeklebt. Die Teile A auf Lücke darüberkleben. Die gelbbraune Blütenmitte lochen, mit einem mittelbraunen Rechteck hinterkleben und auf der Blüte befestigen. Die Blüte auf dem Tonkartonstengel fixieren und die Blätter abwechselnd übereinander auf den Stiel kleben.

Narzissenstrauß

- Tonkarton in Wollweiß, Dunkelbraun, Mittel- und Dunkelgrün
- Tonpapier in Gelb, Gelb- und Mittelbraun, Weiß und Dunkelgrün

Zunächst drei Narzissen herstellen, wie in der linken Spalte beschrieben (ohne Blätter).

Die weißen Weidenkätzchen werden an den markierten Stellen von hinten an dem braunen Ast aus Tonkarton angebracht, die braunen Blättchen von vorne. Alle Teile zu einem Strauß übereinanderlegen, mit einem 5 mm breiten Tonpapierstreifen unten zusammenbinden und auf der Rückseite festkleben.

Drei Krokusse

- Tonkarton in Wollweiß
- Tonpapier in Gelb, Gelbbraun und Dunkelgrün

Zwei Blüten und eine Knospe nach Vorlage herstellen und hinter dem Blattgrün fixieren. Höhenmäßig versetzt auf die Karte kleben und das Grün bündig abschneiden.

TIP Die Krokusse wirken auch auf einer Karte aus mintfarbenem Tonkarton sehr hübsch. Hierfür zwei Blüten anfertigen und die Blumenstiele schräg abschneiden.

Ein gesegnetes Osterfest
Herzlichen Glückwunsch zum Geburtstag
Frohes Osterfest !

TIP Auf dem kleinen Foto sehen Sie eine Variante der rechten Karte in Wollweiß. Sie wird mit Herzblumen in Dunkelrot und Schwarz geschmückt.

Herzblume mit zwei Blüten

- Tonkarton in Weiß und Dunkelgrün
- Tonpapier in Flieder und Pink

Die Blätter von hinten an den Blumenstengel kleben. Hinter den grünen Blütenkelchen jeweils zwei fliederfarbene Kelchblätter befestigen und auf dem Ast fixieren. Auf einem 2 cm großen fliederfarbenen Quadrat zuerst die Blütenblätter A und dann die Blütenblätter B anbringen, so daß sie in der Mitte leicht zusammenstoßen. Den pinkfarbenen Blütenstempel aufkleben. Die beiden Blüten an den markierten Stellen auf dem Stengel befestigen.

Herzblume mit einer Blüte

- Tonkarton in Weiß und Dunkelgrün
- Tonpapier in Pink und Flieder

Eine Herzrose, wie oben beschrieben, herstellen und mit den Blättern am Stengel befestigen.

Rosettenblume

- Tonkarton in Weiß und Dunkelgrün
- Tonpapier in Flieder und Pink

Für die Knospen grüne Kelche und fliederfarbene Kelchblätter zusammenfügen. Die Knospen von vorne und die grünen Blätter von hinten am Stengel fixieren.

Die fliederfarbenen Blütenblätter in der Mitte zu einer Rosette zusammenkleben. Den pinkfarbenen Blütenstempel aufsetzen und die Blüte an der markierten Stelle auf den Stengel kleben.

TIP Karten zum Geburtstag können Sie zusätzlich noch mit Zahlen aus Tonkarton schmücken. Vorlagen für alle Ziffern finden Sie auf dem beiliegenden Bogen.

Zum
Geburtstag
30
Alles Gute zum
Geburtstag
Herzlichen Glückwunsch
zum Geburtstag

Baum mit mehreren Kronen

- Tonkarton in Weiß und Dunkelgrün
- Tonpapier in Mittelgrün

Die mittelgrünen Baumkronen von vorne auf dem verzweigten dunkelgrünen Stamm fixieren. Den Baum bündig an die Unterkante der Klappkarte kleben.

Baum mit Büschen

- Tonkarton in Wollweiß
- Tonpapier in Braun, Mittel- und Dunkelgrün

Die mittelgrüne Grasfläche auf die Karte kleben. Den dunkelgrünen Baum auf dem braunen Stamm befestigen und ebenfalls aufkleben. Zum Schluß die dunkelgrünen Büsche positionieren.

Fächerbaum

- Tonkarton in Wollweiß
- Tonpapier in Mittel- und Dunkelgrün

Zuerst die rechte Baumkrone auf den Stamm kleben. Dann wird die zweite Krone auf der ersten befestigt, aber nur an der linken, äußeren Kante, so daß sich die Baumkronen noch bewegen lassen.

Grüße
Geburtstag
Eine
baldige
Genesung
Herzlichen
Glückwunsch
zum Geburtstag

Sonnenhut und blaue Blüten

- Tonkarton in Wollweiß und Schwarz
- Tonpapier in Dunkelgrün, Gelb und Dunkelblau

Die blauen Blüten mit gelben Punkten bekleben und auf den Blumenstielen anbringen. Auf der Rückseite des schwarzen Teils A werden jeweils sechs gelbe Blütenblätter B fixiert. Einen 3 mm breiten, grünen Stiel von hinten an jedem Sonnenhut befestigen.
Erst den linken Stengel mit blauen Blüten, dann den langen Sonnenhut, danach den rechten Stengel mit blauen Blüten und zum Schluß den kurzen Sonnenhut auf die Karte kleben.

Sonnenhut mit Farn

- Tonkarton in Wollweiß und Schwarz
- Tonpapier in Dunkelgrün und Gelb

Bei diesem Motiv wird zuerst der grüne Farn auf der Karte befestigt. Dann werden die beiden Sonnenhutblüten nach der linken Beschreibung hergestellt, mit 3 mm breiten Stielen versehen und aufgeklebt.

Blumentopf mit Hasenstecker

- Tonkarton in Mittelblau, Mittelbraun und Dunkelblau
- Tonpapier in Mittelgrün, Braun, Weiß, Gelb und Dunkelblau

Die Ohren von hinten am Hasenkopf ankleben und den Körper darauf fixieren. Ein weißes Oval bildet das Hasenschwänzchen. Zwei schmale Schnurrhaare zuschneiden und hinter dem Hasenkopf befestigen. Einen schmalen mittelbraunen Streifen als Stab anbringen.

Die blauen Blüten werden mit gelben Punkten versehen und an den markierten Stellen auf dem Grün befestigt. Abschließend die Blumen und den Hasen hinter dem Blumentopf aus Tonkarton fixieren.

Viele liebe Grüße
zum
Geburtstag
Herzlichen Glückwunsch
zum
Geburtstag

Wiesenblume

- Tonkarton in Wollweiß und Grün
- Tonpapier in Rot und Schwarz

Zwei rote Quadrate (2 cm x 2 cm) bilden den Boden der Blüten. Jede Blüte besteht aus acht roten Blütenblättern:
Zunächst werden vier Blütenblätter (B) kreuzförmig auf dem Quadrat zusammengeklebt, so daß sie im Mittelpunkt der Blüte zusammentreffen. Anschließend werden die restlichen Blütenblätter (A) jeweils auf Lücke aufgeklebt. Ein schwarzer Blütenstempel verdeckt die Mitte.

Die fertigen Blüten an den markierten Stellen auf den Blumenstengel kleben und trocknen lassen. Dann erst werden die Ränder der roten Blüte über die Fingerkuppe leicht gewölbt. Der Stengel schließt mit der Unterkante der Klappkarte ab.

Klatschmohn

- Tonkarton in Weiß
- Tonpapier in Dunkelgrün, Rot und Schwarz

Die kleine, rote Knospe wird hinter den Blütenkelch geklebt, bevor das grüne Blatt am Stiel befestigt wird.
Die roten Blütenblätter der Vorlage entsprechend in der Mitte zusammenkleben. Ein schwarzer Punkt kennzeichnet die Mitte.

Nachdem Sie die Blüte am Stiel befestigt haben und der Klebstoff getrocknet ist, werden die Ränder der roten Blüte über die Fingerkuppe leicht nach vorne gewölbt.

Alles Gute
zum Geburtstag

Tulpenstrauß

»»» Tonkarton in Weiß und Mittelgrün
»»» Tonpapier in Flieder und Pink

Fertigen Sie zwei flieder- und zwei pinkfarbene Tulpen. Jeweils zwei Außenblätter A auf ein Blütenblatt B kleben, an diesem zwei Außenblätter B von hinten fixieren. Das innere Blütenblatt besteht immer aus einer anderen Farbe als die Außenblätter. Nun die grünen Stiele anbringen und zu einem Strauß zusammenkleben. Drei der grünen Blätter werden von hinten, die beiden anderen von vorne angeklebt, so daß sie die vier Tulpen gleichmäßig umfassen.

TIP Auf dem kleinen Foto ist eine Variante der Tulpenkarte in Wollweiß mit Blütenblättern in Gelb und Orange abgebildet. Wie Sie sehen, können die Blütenblätter und der Strauß mit den Blättern enger oder weiter zusammengeklebt werden.

Sommerlicher Strauß

»»» Tonkarton in Wollweiß und Mittelgrün
»»» Tonpapier in Rosa, Flieder, Pink, Schwarz und Mittelgrau

Das Innenschild aus weißem Papier zuschneiden, auf graues Tonpapier aufkleben und mit einem Überstand von 2 bis 3 mm ringsherum ausschneiden. Den grauen Stiel befestigen.

Nun wird die pinkfarbene Schleife herausgeschnitten und mit einem Punkt verziert.
Anschließend sechs Blumen anfertigen:
Als Blütenboden dient jeweils ein 2 cm großes Quadrat, auf das zunächst vier Blütenblätter kreuzförmig geklebt werden, so daß sie sich in der Mitte treffen. Darauf werden nochmals vier Blütenblätter auf Lücke fixiert. Einen schwarzen Punkt als Blütenmitte anbringen und den grünen Stiel auf der Blütenrückseite befestigen.
Alle Blumen zu einem Strauß zusammenkleben. Das Glückwunschschild und die Blätter von hinten dagegenkleben. Zum Schluß wird die Schleife vorne auf dem Strauß plaziert.

Zum Geburtstag
Zum Geburtstag

Marienkäfer auf einem Ast

- Tonkarton in Weiß und Dunkelgrün
- Tonpapier in Rot, Mittelgrün und Schwarz

Die mittelgrünen Blätter auf der Rückseite des dunkelgrünen Astes anbringen und diesen so auf der Klappkarte befestigen, daß er mit der linken Kante abschließt.
Die Marienkäfer bestehen aus einem schwarzen Rumpf, der mit eingeschnittenen roten Flügeln beklebt wird.

Bei einem der Marienkäfer werden die roten Flügel weiter geöffnet als bei den beiden anderen.
Mit dem Filzstift die Punkte auf die Flügel zeichnen.
Zwei Marienkäfer an den markierten Stellen auf dem Ast fixieren, der dritte will gerade wegfliegen.

Efeuzweige

- Tonkarton in Weiß
- Tonpapier in Mittel- und Dunkelgrün

Den dunkelgrünen Zweig so auf die Klappkarte kleben, daß er mit der oberen, der unteren und der linken Seite der Karte abschließt.
Die fünf mittelgrünen Efeublätter an der gestrichelten Linie falten, aufklappen und an den markierten Stellen auf dem Zweig befestigen. Dabei die Blätter nur im mittleren Bereich mit Klebstoff versehen.

Herzliche Glückwünsche
zum Geburtstag
Gute
Besserung !

Buchs mit roten Beeren

- Tonkarton in Wollweiß und Grün
- Tonpapier in Rot

Den ausladenden Buchsbaumzweig auf die Karte kleben. Die roten Beeren auf dem schmalen Zweig anbringen und diesen auf dem Buchsbaumzweig fixieren.

Blühende Topfpflanze

- Tonkarton in Grau, Rot und Grün
- Tonpapier in Rot, Weiß und Schwarz

Die Blätter von hinten an die Zweige und von vorne auf die Spitzen kleben. Elf Blüten mit schwarzen Punkten versehen und auf den Stielen fixieren. Die Stengel von hinten am Blumentopf aus Tonkarton befestigen und die Schleife am oberen Topfrand anbringen.

Zweig mit roten Blüten

- Tonkarton in Weiß und Grün
- Tonpapier in Rot und Schwarz

Zuerst die schwarzen Punkte auf den roten Blüten fixieren. Nun werden die Blüten an den bezeichneten Stellen von vorne und die Blätter von hinten an den grünen Ast geklebt. Der blühende Zweig schließt mit der Oberkante der Klappkarte ab.

chen
wunsch
zum
Geburtstag
Danke

Blühender Herbstzweig

»»» Tonkarton in Wollweiß und Grün
»»» Tonpapier in Rehbraun und Schwarz

Ein 2 cm großes Quadrat bildet den Blütenboden, auf den sechs Blütenblätter so aufgeklebt werden, daß sie in der Mitte zusammenstoßen.

Ein schwarzer Punkt bildet die Blütenmitte. Zwei Blüten anfertigen, an den markierten Stellen auf dem Zweig befestigen und diesen in der rechten oberen Ecke der Klappkarte fixieren.

Beeren und Blätter

»»» Tonkarton in Wollweiß und Grün
»»» Tonpapier in Rehbraun und Schwarz

Die drei Blätter in der Mitte knicken und mit den Beeren am Ast befestigen. Der Zweig wird in die rechte obere Ecke der Klappkarte geklebt.

Herbstlaub

»»» Tonkarton in Wollweiß und Grün
»»» Tonpapier in Reh-, Mittel- und Dunkelbraun

Die Blätter von hinten am Ast ankleben und diesen in der rechten oberen Ecke der Klappkarte befestigen.

Herzliche
Grüße

Weihnachtsstern

- »»» Tonkarton in Weiß und Gelb
- »»» Tonpapier in Rot und Dunkelgrün

Ein 2 cm großes Quadrat bildet den Blütenboden, auf dem acht rote Blütenblätter (B) zu einer Rosette zusammengeklebt werden, so daß sich die geraden Kanten in der Mitte treffen. Darauf werden acht kleinere Blütenblätter (A) so fixiert, daß sie in die Zwischenräume der größeren Blätter passen. Gut trocknen lassen. Danach werden die Spitzen der roten Blütenblätter über die Fingerkuppe leicht nach vorne gewölbt. Anschließend werden auf der Rückseite der roten Blütenblätter (B) die grünen Laubblätter (C) befestigt, so daß sie zwischen den roten Blütenblättern hervorschauen.
Die Blütenmitte besteht aus sieben kleinen gelben Punkten, die mit wenig Klebstoff fixiert werden. Die Punkte stanzen Sie am besten mit einer Lochzange (kleinstes Loch einstellen = 2 mm Durchmesser) aus. Zuerst den inneren Punkt anbringen, dann um diesen herum die restlichen sechs Punkte.

TIP Sehr hübsch sieht es auch aus, wenn Sie eine rote Klappkarte mit einem weißen Weihnachtsstern schmücken.

Ilex

- »»» Tonkarton in Weiß
- »»» Tonpapier in Dunkelgrün und Rot

Vier Blätter auf der Rückseite des Astes befestigen. Die Beeren zuschneiden und in Dreiergruppen zwischen die gezackten Blätter kleben. Mit dem Filzstift jeweils ein Kreuz auf die roten Beeren malen.

Fröhliche
Weihnachten

Tanne mit Sternen

- Tonkarton in Dunkelgrün
- Tonpapier in Weiß und Gelb

Erst die Tanne und dann die Sterne auf die Karte kleben. Schon ist ein Weihnachtsgruß fertig.

TIP Statt die Sternchen einzeln auszuschneiden, können Sie auch einen Motivlocher verwenden.

Schneeglöckchen

- Tonkarton in Gelb und Dunkelgrün
- Tonpapier in Weiß

Die beiden Knospenteile C zusammenkleben und am Stengel befestigen. Nun die Blüten anfertigen: Zwei Blütenteile B überlappend auf Teil A kleben. Ein Blütenteil B von hinten dagegenkleben. An den Stengeln anbringen.

Zuerst die Blätter, dann die beiden Schneeglöckchen und zum Schluß den gekürzten Stengel mit der Knospe auf der Karte fixieren.